AF554769

A MON AMI, A MA SŒUR

ALLOCUTION

FAITE

EN L'ÉGLISE SAINT-GERMAIN-L'AUXERROIS

Le 1er Décembre 1883

A L'OCCASION DU MARIAGE DE

Monsieur EUGÈNE JANNIN

AVEC

Mlle MARIE AUGUEZ

ALLOCUTION

FAITE

EN L'ÉGLISE SAINT-GERMAIN-L'AUXERROIS

Le 1er Décembre 1883

A L'OCCASION DU MARIAGE DE

Monsieur EUGÈNE JANNIN

AVEC

Mlle MARIE AUGUEZ

MON CHER AMI, MA CHÈRE SŒUR,

Vous attendez que je vous adresse quelques paroles avant de bénir votre union ; laissez-moi vous avouer que j'aurais mieux aimé rester spectateur silencieux, ému, attendri, et surtout bien heureux, comme vous, de la grande, sainte, et solennelle action qui va s'accomplir. Tel eût été mon vœu ; mais vous savez depuis longtemps si j'aime à préférer vos désirs aux miens, et ce n'est pas dans un jour comme celui-ci que je voudrais pour la première fois agir autrement.

Aussi, puisque vous le voulez, nous admirerons ensemble combien les desseins de Dieu sont sages et profonds.

Il y a trois ans, lorsque je reçus l'ordination sacerdotale, l'Évêque, en faisant sur mes mains l'onction sainte, demanda au Seigneur que tout ce qu'elles béniraient fût béni, que tout ce qu'elles consacreraient fût consacré. Ces paroles, pénétrant au fond de mon âme, y firent naître de grandes, vives, et ardentes espérances, qui depuis, par la grâce divine, n'ont certes pas été trompées; et cependant, je ne me serais pas attendu, je n'aurais jamais osé rêver qu'un jour ces mains de prêtre s'élèveraient pour couvrir d'une même bénédiction deux âmes si chères, pour consacrer l'union d'un ami si profondément aimé avec une sœur si tendrement chérie!...

C'était un bien aimable et bien doux spectacle que celui qui s'offrit à mes yeux au jour de ma première messe; il me ravit au point que je pensais n'en jamais revoir de pareil, et voilà qu'aujourd'hui il m'est donné de contempler, sous ces voûtes aimées de Saint-Germain-l'Auxerrois, un spectacle non moins touchant. C'est presque la même assistance, mais qui s'est agrandie. Car le Seigneur, mon cher Eugène, a fécondé notre amitié, et je ne puis dire avec quelle émotion je vois en ce moment votre excellente et si chère famille venir se joindre à celle de l'épouse que vous vous êtes choisie, pour former avec elle, et avec une si vénérable et si sympathique assemblée, une précieuse et brillante couronne qui vous fait à tous deux autant d'honneur qu'elle vous cause de joie.

Et puis, mon cher Ami, si, répondant à un bien intime sentiment de votre cœur, je franchis cette enceinte pour aller avec vous chercher au loin ceux qui n'ont pu goûter le bonheur de vous accompagner ici, entre tous je vois à votre cher foyer, près d'un père bien-aimé, dont la santé, n'en doutez pas, est meilleure aujourd'hui qu'à l'ordinaire, une pieuse et vaillante aïeule, qui l'entretient affectueusement de vos joies, qui prie pour vous à ses côtés, et qui mêle ses larmes aux siennes, des larmes de bonheur, puisque vous êtes heureux.

Heureux!... Oui, vous l'êtes en effet, mon cher Ami; non pas tant pour ce que vous voulez bien nous en dire, que parce qu'il vous est donné aujourd'hui de goûter combien le Seigneur est bon pour ceux qui lui restent fidèles, et qui, pour assurer cette fidélité, ne croient jamais se faire une trop haute idée du devoir, un sentiment trop délicat et trop exquis de l'honneur, une trop séduisante espérance d'atteindre à cet idéal de vie qu'on n'a jamais cessé, en dépit des obstacles, de rêver et de poursuivre.

Ah! que ne puis-je me taire, mon cher Ami, sur un sujet où notre intimité, si étroite, m'impose tant de réserve? Que ne puis-je du moins faire confirmer ce que je viens d'en dire par ceux qui vous entourent! Que ne puis-je entendre la voix de vos chefs, de votre général lui-même, qui avait bien voulu, par un sentiment d'estime et d'affection qui vous honore au plus haut point, se marquer une place ici, et qui n'y a renoncé qu'au dernier moment, avec tant de regret! Que ne puis-je provoquer les accents si chaleureusement affectueux de vos nombreux et dévoués amis; et les souvenirs de ces maîtres aimés qui ont été les témoins édifiés de vos années d'enfance et de jeunesse! Comme toutes ces voix seraient éloquentes, mon cher Ami, comme elles feraient tressaillir votre heureuse mère, si ravie déjà, et si fière de vous!

Aussi, quand je porte ma pensée sur les devoirs nouveaux que vous allez assumer sur vous, avec la chère compagne de votre vie, je suis sans inquiétude; le passé me répond de l'avenir, et je n'éprouve qu'un seul désir : celui de vous répéter que vous êtes heureux, bien heureux !...

Et vous, ma chère Sœur, il faut aussi que je vous félicite. Ah ! ne craignez rien : alors même que je croirais pouvoir me permettre de vous adresser quelques louanges, il me semble qu'à l'heure où nous sommes, il ne pourrait s'en échapper de mon cœur et de mes lèvres qu'une seule : c'est que le Ciel vous a bien inspiré de donner votre affection et de confier votre vie à celui qui va devenir votre époux.

Cette louange, ma Sœur, vous l'acceptez, n'est-ce pas?... Mais vous n'en voulez pas d'autres, et vous préférez que je vous aide à louer le Dieu qui vous rend, vous aussi, si pleinement heureuse.

Rappelez-vous donc avec reconnaissance toutes les grâces du passé, gages des bonheurs à venir. Souvenez-vous de la vieille et chère Église de Saint-Remy d'Amiens, où, petite enfant, vous fûtes conduite aux eaux pures du baptême, par un parrain, par une marraine, dont la présence ici vous est encore aujourd'hui si précieuse et si douce; souvenez-vous du jour où vous reveniez au même sanctuaire, offrir pour la première fois votre jeune cœur au Dieu de l'Eucharistie; vous aviez alors auprès de vous un grand-parent bien vénéré, depuis hélas ! bien regretté, dont notre père aimé se plaît souvent à faire revivre la mémoire au milieu de nous, et dont, dernièrement encore, on bénissait le cher souvenir, dans une cérémonie (*), magnifique pour tous, et qui pour vous était aussi comme l'aimable et gracieuse annonce de celle-ci.

J'ai rappelé le souvenir de votre première communion : c'est que de grandes promesses, depuis réalisées, semblent s'y être attachées ; quelque temps à l'avance, notre pieuse et bonne mère avait voulu que le grand frère aidât la petite sœur à se préparer à la venue du Seigneur ; et, dans le fond du jardin ombragé, au milieu des douces fleurs de mai, près de l'autel embaumé de la Vierge-Marie, je vous faisais épeler, en essayant d'y lire couramment moi-même, la loi du Dieu que vous alliez recevoir ; et ce fut là, je tiens à vous le dire, ce fut là pour mon âme une des plus aimables et des plus décisives révélations de ma chère vocation de prêtre, comme ce fut pour vous un gage que pour avoir si pieusement donné votre cœur à votre Dieu, vous mériteriez qu'un jour vînt où le Seigneur vous donnerait en retour un époux selon son cœur !

Et ce jour est venu, et cet époux est près de vous ; dans un instant vous lui serez unie, vous recevrez ses serments, il vous donnera pour jamais son cœur aimant et généreux...

En retour, vous l'aimerez, et vous lui serez soumise ; vous l'aimerez avec tendresse, vous lui serez soumise avec joie, avec douceur, avec cette gracieuse et souriante aménité qui fera le charme de sa vie, et la force de la vôtre. Surtout, vous accepterez résolûment tous les hasards possibles de sa noble carrière. Ses belles et hautes aspirations, vous

(*) La cérémonie du mariage de Mademoiselle Clémence Obry avec M. Durand, à la Cathédrale d'Amiens.

n'en doutez pas, lui feront toujours mettre au-dessus de tout, avec l'amour de son Dieu et la passion sacrée de son devoir, le dévouement sans réserve à son pays : ô ma Sœur, ai-je besoin de vous le demander, après que vous l'avez tant de fois promis? Ayez le fier désir de faire que toujours, avant même d'avoir entendu ces grandes choses parler au fond de son cœur, il les ait lues dans vos regards!....

Ainsi, mon cher Ami, ma chère Sœur, votre union sera bénie du Ciel.

Mon Dieu! comment pourriez-vous en effet ne pas bénir, et protéger toujours, deux âmes qui se confient si pleinement à vous? Et comment pourrait ne pas aller toujours en s'élevant, en s'épanouissant, en se fortifiant pour le bien, cette pure et sainte vie à deux, qui ne veut reposer que sur des bases de foi, de piété, de vertu, de dévouement réciproque, et de généreuse abnégation!

Aussi bien, cher Ami, chère Sœur, vous ne serez pas laissés à vos seules forces pour remplir une si haute mission. Le secours d'en haut ne vous manquera jamais, parce que toujours vous saurez le mériter; et n'allez-vous pas d'ailleurs en recevoir le gage, et la réalité même, dans ce grand sacrement qui fera de vous des époux vraiment chrétiens, et que Notre-Seigneur et Dieu, Jésus-Christ, vous a donné au prix de son sang! Je sais avec quel religieux respect, avec quelle vraie et sérieuse piété, vous y avez préparé vos âmes. Et puis, que de prières, ferventes et puissantes, se sont unies aux vôtres! Je voudrais pouvoir dire avec quelle profusion elles vous ont été prodiguées de toutes parts, et aussi avec quelle profonde joie, avec quelle douce reconnaissance, j'en ai recueilli pour vous tant de promesses et tant de gages.

Voilà sous quels heureux auspices vous allez contracter votre chère alliance ! Que dis-je ! Vous avez encore été l'objet d'une faveur que je me sens indigne, tant elle est grande, de vous annoncer et de vous communiquer, et qui, j'en ai l'assurance, va combler de joie et remplir d'une sainte et légitime fierté vos âmes si chrétiennes et si pieuses : grâce à une amicale intervention qui mérite bien toute votre gratitude, vous avez reçu de Notre-Saint-Père, le Souverain Pontife, sa bénédiction apostolique, toujours si chèrement enviée par ses fidèles enfants !

Après un tel bienfait, qui en couronne tant d'autres, cher Ami, chère Sœur, que puis-je encore vous souhaiter, sinon que le Ciel même s'ouvre au-dessus de vos têtes, et vous inonde de ses grâces ? Et n'est-ce pas ce qui va se passer, quand, après avoir consacré votre union, je gravirai les marches de cet autel pour offrir au Seigneur le divin sacrifice, pour élever vers le Ciel le précieux calice où vos deux chers noms sont gravés et rapprochés depuis le jour béni de ma première messe ; ils vont maintenant se confondre en un seul, pour ne cesser plus, comme le calice même qui en est orné, « *de faire monter leur suave parfum* » *jusqu'en la présence de la majesté divine*, » présence adorée et sanctifiante, en laquelle vous marcherez vous-mêmes pendant les jours bénis de votre pélerinage sur cette terre, afin de mériter d'en aller jouir éternellement dans le Ciel.

AINSI-SOIT-IL.

43591 Imp. Ve Renou, Maulde et Cock, rue de Rivoli, 144, Paris.

www.ingramcontent.com/pod-product-compliance
Lightning Source LLC
LaVergne TN
LVHW020501230826
846091LV00008BA/3310

* 9 7 8 2 0 1 3 7 0 3 1 5 4 *